ABRÉGÉ

D'ARITHMÉTIQUE.

AF253765

V 29473

120

ABRÉGÉ

D'ARITHMÉTIQUE

A L'USAGE

DU PENSIONNAT DELESTRÉE.

Châlons,

IMPRIMERIE DE BONIEZ-LAMBERT.

—

1841.

Explication des signes.

$+$ PLUS.

$-$ MOINS.

$=$ ÉGAL.

$\times$ MULTIPLIÉ PAR.

$\frac{1}{2} =$ 1 DIVISÉ PAR 2.

$>$ PLUS GRAND QUE.

$<$ PLUS PETIT QUE.

: EST A.

:: COMME.

Table de Pythagore.

1	2	3	4	5	6	7	8	9
2	4	6	8	10	12	14	16	18
3	6	9	12	15	18	21	24	27
4	8	12	16	20	24	28	32	36
5	10	15	20	25	30	35	40	45
6	12	18	24	30	36	42	48	54
7	14	21	28	35	42	49	56	63
8	16	24	32	40	48	56	64	72
9	18	27	36	45	54	63	72	81

ARITHMÉTIQUE. *

NOTIONS PRÉLIMINAIRES.

(1) La *quantité* est tout ce qui peut être augmenté ou diminué.

Le *nombre* est la collection de plusieurs choses pareilles.

Dix centaines font *un mille* ou 1,000 ; dix cent mille font *un million* ou 1,000,000, etc.

(3) Une de ces choses s'appelle *unité*.

(5) On représente avec les *chiffres* ci-dessous :

Rien, par 0, ou zéro.	1 un	2 deux	3 trois	4 quatre	5 cinq	6 six	7 sept	8 huit	9 neuf.

Le *zéro* n'a aucune valeur par lui-même, mais lorsqu'il se trouve à la droite d'un chiffre, il lui donne une autre valeur ; par exemple :

(6) $9 + 1 = 10$, ou *dix* unités ou *une dizaine ;* deux dizaines s'appellent *vingt ;* trois dizaines, *trente ;* quatre, *quarante ;* cinq, *cin-*

---

* Les chiffres qui précèdent les articles, indiquent les paragraphes du Traité de M. Lacroix.

quante ; six *, soixante ;* sept *, soixante-dix ;* huit, *quatre-vingts ;* neuf, *quatre-vingt-dix.* Quarante-sept s'écrit ainsi : 47 ; cinquante, 50, etc ; on peut donc écrire déjà jusqu'à 99. $99 + 1 = 100$ ou *dix dizaines,* ou *une centaine ;* d'où *cent-un* s'écrira 101 ; *quatre cent quarante - quatre,* 444 , etc.

(7) Donc *trois cent vingt-quatre mille neuf cent quatre* s'écrira 324,904 ; donc *un chiffre devient dix fois plus grand à mesure qu'on le recule d'un rang vers la gauche.*

Donc un chiffre a deux valeurs, l'une *absolue* et l'autre *relative.* La valeur absolue est celle qu'il a par lui-même, et la valeur relative celle qu'il a suivant la place qu'il occupe. Ainsi un chiffre a autant de valeurs relatives qu'il occupe de places.

De la Numération.

On écrit un nombre sous la dictée en plaçant successivement à côté les uns des autres, en commençant par la gauche, les chiffres qui expriment les centaines, les dizaines et les unités de chaque collection, en mettant des zéros à la place de celles qui manquent dans l'énoncé du nombre à écrire.

24,897,321,580,346, se lit : 24 *trillions* 897 *billions* 321 *millions* 580 *mille* 346 *unités.*

Pour lire un nombre, on le partage en tran-ches de trois chiffres, en commençant par la droite, sauf à n'en laisser qu'un ou deux dans la dernière tranche, puis on énonce chaque tran-che comme si elle était seule et en désignant après ses unités le nom qu'elle porte.

(9) 2, 5, 6, etc., sans désignation s'appellent *nombres abstraits :* 2 hommes, 5 années, 6 plu-mes, sont des *nombres concrets.*

(10) Procédé de l'*addition.* . . . . . . Nombres à ajouter.

$$8+7=15 \; ; \; 15+9=24 \ldots\ldots \text{Je pose } 4 \text{ et reporte } 2$$
$$2+7= 9 \; ; \; 9+2=11 \; ; \; 11+8=19 \quad — \quad 9 \quad — \quad 1$$
$$1+3= 4 \; ; \; 4+5= 9 \; ; \; 9+6=15 \quad — \quad 5 \quad — \quad 1$$
$$1+4= 5 \; ; \; 5+9=14 \; ; \ldots\ldots \quad — \quad 14$$

Nombres à ajouter (ou total) :

```
        4 3 7 8
          5 2 7
        9 6 8 9
       ─────────
Somme.... 1 4 5 9 4
Preuve.... 1 1 2 0
```

(12) Règle I. *Écrire, les uns sous les autres, les nombres à ajouter, en plaçant les unités de même ordre dans une même colonne ; souligner le dernier nombre pour le séparer du résultat, ajouter successivement, en commençant par la droite, les nombres contenus dans chaque colonne ; si la somme ne surpasse pas neuf, l'é-crire telle qu'on l'a trouvée, et si elle renferme des dizaines les retenir pour les joindre à la colonne suivante ; enfin, à la dernière colonne, écrire la somme trouvée.* VÉRIFIEZ.

(13) $9-5=4$; donc $5+4=9$.

(14) Procédé de la *Soustraction*.
Premier Cas.

6—5=1 ....
8—4=4 ....
5—3=2 ....
9—0=9 ....

$$\begin{array}{r|r} 9586 & 9241 \\ 345 & \end{array}$$

Reste, excès, différ.

(15) Second cas.

4—7 ne se peut, 14—7=7 ....
2—9+1 de reporté 10, ne se peut, 12—10=2
5—3+1 ———— 4=1 ....

$$\begin{array}{r|r} 524 & 127 \\ 397 & \end{array}$$

(16) Troisième cas.

2— 5 ne se peut, 12—5=7 ....
10—10=0 ....
10— 5=5 ....
7— 4=3 ....

$$\begin{array}{r|r} 7002 & 3507 \\ 3495 & \end{array}$$

(**17**) Règle II. *Placer le plus petit nombre sous le plus grand, de manière que les unités de même ordre soient dans une même colonne, tirer un trait sous ces deux nombres pour les séparer du résultat ; retrancher successivement dans chaque colonne, en commençant par la droite, le chiffre inférieur du chiffre supérieur ; si cela ne se peut, augmenter de dix unités le chiffre supérieur et augmenter aussi d'une unité le chiffre suivant dans le nombre inférieur.*

VÉRIFIEZ.

(**19**) *On fait la preuve de l'addition en additionnant par la gauche, en retranchant la* somme de chaque colonne, de la somme déjà obtenue, écrivant les restes, et les joignant comme des dizaines à la colonne suivante à droite ; il ne doit rien rester à la dernière colonne. (Voyez le n° 10.) VÉRIFIEZ.

(20) *On fait la preuve de la soustraction en ajoutant le reste au plus petit nombre, et on doit retrouver le plus grand.* (Voyez n° 13.) VÉRIFIEZ.

De la Multiplication.

(21) $16 + 16 + 16 + 16 = 64$; 16 *multiplicande* $\times$ 4 *multiplicateur* $= 64$ *produit*. 4 et 16 s'appellent *facteurs*.

(23) $16 \times 4 = 6 \times 4 + 10 \times 4$, et $10 \times 4 = 1 \times 4$ placé au rang des dizaines. Tous les cas possibles se réduisent donc à faire le produit de deux des neuf premiers nombres. La table de ces produits, qu'il faut savoir par cœur, est au commencement.

(25) 6, 9, 12, etc. sont dits *multiples* de 3, parce que $6 = 3 \times 2$; $9 = 3 \times 3$; $12 = 3 \times 4$, etc.

(27) Donc 3 pris 5 fois $=$ 5 pris 3 fois. On peut donc toujours prendre le multiplicande pour le multiplicateur, et réciproquement.

(29) Procédé de la *multiplication* $526 \times 7. = 3682$.

$7 \times 6 = 42$. Je pose 2 et reporte 4.   526

$7 \times 2 = 14; 14 + 4 = 18.$ —   8   —   1   7

$5 \times 7 = 35; 35 + 1 = 36.$ —   36   3682

(30 et 31) $7012 \times 5 = 35060; 40 = 4 \times 10; 400 = 4 \times 100$, etc. (*Voy.* n° 7.)

(32) $764 \times 300 = (764 \times 3) \times 100$, donc, etç.

(33) $793 \times 345 = 793 \times 5 + 793 \times 40 + 793 \times 300.$

$$\begin{array}{r} 793 \\ 345 \\ \hline \end{array}$$

Or, $793 \times 5 =$ 3965

$793 \times 40 =$ 31720

$793 \times 300 =$ 237900

Donc $793 \times 345 =$ 273,585

(34 et 35) Règle III. *Pour multiplier deux nombres quelconques l'un par l'autre, on forme successivement les produits du multiplicande par les divers ordres d'unités du multiplicateur (V. n° 33.) en observant de placer le premier chiffre de chaque produit partiel sous les unités de l'ordre dont est le chiffre du multiplicateur qui donne ce produit; et l'on ajoute ensuite tous les* *produits partiels. Lorsque le multiplicande, ou le multiplicateur, ou tous les deux sont terminés par des zéros, on ne s'occupe d'abord que des chiffres significatifs, et l'on met à la droite du produit, obtenu d'après ces chiffres, autant de zéros qu'il y en avait, tant dans le multiplicande que dans le multiplicateur.* VÉRIFIEZ.

De la Division.

(36) $64 - 16 - 16 - 16 - 16 = 0$.

Donc $\dfrac{64 \text{ dividende.}}{16 \text{ diviseur.}} = 4$ *quotient.* Donc $64 = 16 \times 4$.

(38) $\dfrac{56}{8} = 7$, cela se trouve par la table de Pythagore.

(39) Procédé de la *Division.*

$$\begin{array}{r|l} 1656 & 3 \\ 15 & \overline{552} \\ 06 & \\ 0 & \end{array}$$

$\dfrac{16}{3}$ donne pour quotient 5; $3 \times 5 = 15$; $16 - 15 = 1$; j'abaisse 5. $\dfrac{15}{5}$ donne pour quotient 5; $3 \times 5 = 15$; $15 - 15 = 0$; j'abaisse 6. $\dfrac{6}{3}$ donne pour quotient 2; $3 \times 2 = 6$; $6 - 6 = 0$

(41) Autre division :

$$\begin{array}{r|l} 1535 & 5 \\ 035 & \overline{307} \\ 0 & \end{array}$$

$\dfrac{15}{5}=3\,;\ 3\times5=15\,;\ 15-15=0$, j'abaisse 3. En 3 combien de fois 5 ? il n'y est pas ; je pose zéro au quotient, et j'abaisse 5. $\dfrac{35}{5}=7\,;\ 7\times5=35\,;$ $35-35=0$.

(42) Autre division :

$$\begin{array}{r|l} 57981 & 251 \\ 778 & \overline{231} \\ 251 & \end{array}$$

En 579 combien de fois 251 ? 2 fois ; je pose 2. $2\times1=2\,;\ 9-2=7\,;\ 2\times5=10\,;\ 17-10=7\,;$ $2\times2=4+1$ de reporté $=5\,;\ 5-5=0$.

Le reste est 77, j'abaisse 8 ;
En 778 combien de fois 251 ? 3 fois ; je pose 3. $3\times1=3\,;\ 8-3=5\,;\ 3\times5=15\,;\ 17-15=2\,;$ $3\times2=6+1$ de reporté $=7\,;\ 7-7=0$.

Le reste est 25, j'abaisse 1, et j'ai $\dfrac{251}{251}=1$, et $251\times1=251,\ 251-251=0$.

(44) Si l'on demande $\dfrac{423405}{485}$, il faut d'abord chercher $\dfrac{4234}{485}$; or $485\times10=4850>4234$; on ne peut jamais mettre plus de 9 au quotient ; et comme en essayant $\frac{42}{4}$ on trouverait 10, on essaye $\frac{42}{5}$ qui donne 8; le quotient est donc 8 ou 9, et comme $485 \times 9 > 4234$ et que $485 \times 8 < 4234$, le premier chiffre du quotient est 8.

(45) Règle IV. *Pour diviser un nombre par un autre, on place le diviseur à la droite du dividende ; on les sépare par un trait et on tire un autre sous le diviseur, pour marquer la place du quotient. On prend sur la gauche du dividende autant de chiffres qu'il en faut pour contenir le diviseur ; on cherche combien de fois le nombre exprimé par le premier chiffre du diviseur est contenu dans celui que représentent le premier ou les deux premiers chiffres du dividende partiel ; on multiplie ce quotient, qui n'est qu'approché par le diviseur ; et si le produit est plus fort que le dividende partiel, on ôte successivement autant d'unités du quotient qu'il est nécessaire pour obtenir un produit qui puisse se retrancher du dividende partiel ; on fait la soustraction, et s'il restait plus que le diviseur, ce serait une preuve que le quotient a été trop diminué; on l'augmenterait en conséquence. A côté du reste, on abaisse le chiffre suivant du dividende ; on cherche, comme précédemment, combien de fois ce dividende partiel contient le*

diviseur; on écrit au quotient le nombre trouvé qu'on multiplie par le diviseur, pour retrancher le produit du dividende partiel; on continue ainsi jusqu'à ce qu'on ait abaissé tous les chiffres du dividende proposé. Lorsqu'on rencontre un dividende partiel qui ne contient pas le diviseur, il faut, avant d'abaisser un nouveau chiffre du dividende, poser un zéro au quotient. VÉRIFIEZ.

(47) $\frac{84000}{400} = \frac{840}{4}$, donc on abrège l'opération dans ce cas.

(48) La preuve de la division se fait par la multiplication et réciproquement. (*Voy.* n° 36.)

Usage des quatre règles.

L'addition est une opération par laquelle on réunit plusieurs quantités de même espèce en un seul nombre, le résultat s'appelle *somme* ou *total.* (*Voy.* n° 10.)

La *Soustraction* sert à retrancher un nombre d'un autre nombre de même espèce, pour connaître la différence qui existe entre eux. (*Voy.* n° 13.)

La *Multiplication* sert :

1° A faire connaître le produit de deux nombres.

2° A trouver le prix total de plusieurs unités de même espèce, lorsqu'on connaît le prix de l'unité.

3° A réduire des entiers d'espèce principale en parties; comme des *francs* en *décimes*, des *décimes* en *centimes*; des *mètres* en *décimètres* et des *décimètres* en *centimètres*, etc.

4° A trouver les *surfaces* ou *superficies* et la *solidité* des corps.

5° A prouver la Division : car en multipliant le diviseur par le quotient, on doit retrouver le dividende. (*Voy*. n° 36.)

La *Division* a pour but :

1° De faire connaître combien de fois une quantité est contenue dans une autre

2° De partager un nombre en autant de parties égales que l'on veut.

3° De trouver la valeur d'une chose par le prix total de plusieurs.

4° De rappeler des parties à leur tout, comme des *centimètres* en *décimètres*, des *décimètres* en *mètres*; des *centimes* en *décimes*, et des *décimes* en *francs*.

5° Enfin, de prouver la multiplication; car en divisant le produit par l'un des deux facteurs, on doit retrouver l'autre facteur. (*Voy*. n° 36.)

Des fractions.

(49) $\frac{239}{8} = 29 + \frac{7}{8}$. $\frac{7}{8}$ est une *fraction*, c'est-à-dire un quotient moindre que l'unité ; et en général c'est *l'expression d'une ou plusieurs parties égales de l'unité*. Exemple : $\frac{1}{3}$ *un tiers*, $\frac{5}{6}$ *cinq sixièmes*, les *dénominateurs* 3 et 6 indiquent en combien de parties l'unité est divisée, et les *numérateurs* 1 et 5 combien on prend de ces parties.

On peut considérer une fraction comme une division dont le numérateur est le dividende, et le dénominateur le diviseur ; d'où il suit que la fraction est égale à l'unité, si le numérateur est égal au dénominateur ; plus grande, si le numérateur est plus grand ; et plus petite, s'il est plus petit.

(55) Donc

En multipliant / En divisant } le numérateur } on multiplie / on divise } la fraction.

En multipliant / En divisant } le dénominateur } on divise / on multiplie } la fraction.

(56 et 57) En multipliant ou divisant le numérateur et le dénominateur par le même nombre, on ne change pas la valeur de la fraction.

(61) *On réduit une fraction* $\frac{24}{84}$ *à sa plus simple expression* $\frac{2}{7}$ en divisant les deux termes par leur *plus grand diviseur commun*, qui est ici 12.

Pour trouver le plus grand commun diviseur d'une fraction, il faut diviser le dénominateur par le numérateur, et si la division se fait sans reste, le numérateur est le plus grand commun diviseur : s'il y a un reste, on divisera le numérateur par ce reste, et ainsi de suite, jusqu'à ce que la division se fasse exactement.

Le dernier diviseur sera le plus grand diviseur *commun* cherché, par lequel divisant les deux termes de la fraction, elle sera réduite à sa plus simple expression.

Nota. — Si le dernier diviseur est l'unité, la fraction est irréductible.

(66 et 69) Pour avoir la somme de deux ou plusieurs fractions, il faut qu'elles aient le même dénominateur, sinon on le leur donne en multipliant les deux termes de chacune par le produit des dénominateurs de toutes les autres.

Puis alors on additionne les numérateurs entre eux et on donne à la fraction le dénominateur commun.

Il en est de même de la *Soustraction*, sinon qu'après avoir réduit les fractions au même dénominateur, quand elles ne l'ont pas, on fait la soustraction des numérateurs.

(76) On multiplie une fraction par une fraction en multipliant les numérateurs entre eux et les dénominateurs.

(79) On divise une fraction par une fraction en multipliant la fraction dividende par la fraction diviseur renversée.

(83) Une fraction qui a pour dénominateur l'unité suivie de zéros, telle que $\frac{5}{10}$ s'appelle fraction décimale et s'écrit 0,5. Les nombres décimaux ne changent pas de valeur quand on met à leur droite un ou plusieurs zéros, et ils se calculent comme les nombres entiers.

Des proportions.

(112) 13 mètres de drap ont coûté 130 fr. Combien coûteraient 18 mètres? Réponse : 1 mètre $\frac{130 \text{ fr.}}{13} = 10$ fr. Donc 18 m. $= 180$ fr. Donc $13^m : 18^m :: 130^{fr} : 180^{fr}$. Voilà une *proportion géométrique, composée de deux rapports égaux.* 13 est un *antécédent* et 18 un *conséquent.*

Un rapport est le quotient de l'antécédent divisé par le conséquent.

(113) $\dfrac{18}{13} = \dfrac{180}{130}$ donnent (*voy*. n° 56) $\dfrac{18 \times 130}{13 \times 130}$

$= \dfrac{180 \times 13}{130 \times 13}$, ou enfin $18 \times 130 = 180 \times 13$, c'est-à-dire le produit des *extrêmes* est égal à celui des *moyens*.

(114) Donc tous les changements de place dans les termes qui ne détruisent pas $18 \times 130 = 180 \times 13$ ne détruisent pas la proportion.

(115) Il en est de même des mutations par opérations qui n'empêchent pas que le quotient soit le même dans les deux rapports.

(116) Puisque $13 \times 180 = 18 \times 130$, il suit que $\dfrac{13 \times 180}{18} = 130$; donc un moyen $=$ le produit des extrêmes divisé par l'autre moyen. De même $\dfrac{18 \times 130}{13} = 180$ donc, etc.

(117) Le n° 112 est une *règle de trois*.

$13^m : 130^{fr} :: 18^m : x$. $x \dfrac{18 \times 130}{13} = 180$ francs.

(118) Des nombres tels que 3 *livres* 12 *sols* 6 *deniers*, ou 4 *toises* 2 *pieds* 5 *pouces* s'appellent *complexes*.

Leur calcul ne diffère de celui des nombres incomplexes que par suite des différentes subdivisions de l'unité principale. On peut d'ailleurs toujours les réduire en fractions. Les nouvelles mesures, telles que 5 *mètres* 6 *décimètres* 4 *centimètres* ; 5 *francs* 6 *décimes* 2 *centimes* rentrent dans le système décimal.

ARITHMÉTIQUE COMMERCIALE.

Application des Proportions.

1. Les proportions dont on a indiqué les propriétés ont des applications continuelles en arithmétique. C'est par leur usage qu'on parvient à la solution de toutes les *règles de trois*.

2. On appelle ainsi les opérations dans lesquelles, trois termes étant connus, ils servent à faire trouver le quatrième.

3. Une règle de trois est appelée *simple* lorsque l'énoncé de la question ne renferme que quatre quantités, dont trois seulement sont connues. Il arrive quelquefois que cet énoncé renferme plus de quatre quantités ; mais avec un peu de réflexion il est facile de voir que quatre termes suffisent pour arriver à la solution, et qu'il faut négliger ces quantités ou *données* superflues quant au résultat.

4. Une règle de trois est *composée* lorsque l'énoncé de la question renferme plus de quatre

*

termes. Elle donne lieu alors à plusieurs proportions, dont le premier rapport de chacune représente des quantités de même nature, et le second rapport où les deux autres termes sont de l'espèce du nombre cherché. C'est-à-dire que le quatrième terme est le nombre cherché, et que le troisième connu est de la même espèce.

5. Il est facile, par le raisonnement, de ramener toutes les proportions à une seule. Par exemple : 6 ouvriers, travaillant 8 jours, composés de 10 heures, est la même chose que 48 ouvriers travaillant un seul jour, ou 480 ouvriers travaillant pendant une heure seulement, ou même un seul ouvrier qui travaillerait 48 jours, ou 480 heures.

6. La règle de trois est *directe*, lorsque la quantité qu'il s'agit de déterminer doit être d'autant plus grande ou d'autant plus petite que celle qui lui est liée, dont elle dépend, est elle-même plus grande ou plus petite. Par exemple : 13 *mètres de drap ont coûté* 130 *francs, combien coûteraient* 18 *mètres,* est une règle de trois directe, attendu que la somme cherchée doit être d'autant plus grande que le nombre de mètres 18, dont elle est le prix, est plus grand que 13.

7. La règle de trois est nommée *inverse*, lorsque, d'après l'état de la question, la quantité que

l'on cherche doit être d'autant plus petite, que sa relative, ou celle dont elle dépend est plus grande, ou d'autant plus grande que la quantité relative est plus petite.

Exemple : 15 *ouvriers ont fait un certain ouvrage en 25 jours, combien faudra-t-il de temps à 20 ouvriers pour exécuter le même ouvrage?* est une règle de trois inverse, parce qu'il est bien certain qu'il faudra moins de jours à 20 ouvriers pour faire cet ouvrage qu'il n'en aurait fallu à 15. Dans ce cas, le plus donne le moins.

8. Outre ces quatre sortes principales, les règles de trois prennent encore d'autres dénominations, selon la nature des questions ; mais ces diverses dénominations ne sont d'aucune conséquence, puisque les opérations qu'elles désignent dépendent de l'emploi des proportions (1). Du moment que l'on raisonne juste, cela suffit ; la définition de la règle ne facilite en rien le calcul. C'est dans la nature de la question qu'il faut chercher les moyens de solution, et non dans la dénomination qu'elle porte, et, si nous avons parlé de ces règles, c'est plutôt pour faire connaître quelques termes et quelques usages relatifs au commerce.

---

(1) L'emploi des proportions n'est pas indispensable, mais elles simplifient les calculs.

De la règle de trois directe, simple

C'est-à-dire celle dans laquelle le plus donne le plus, et le moins donne le moins. (Voyez n° 6.)

De la règle du cent.

Cette règle a pour objet, connaissant le prix d'une quantité quelconque, trouver celui du cent et réciproquement. (Voyez n° 6).

De la règle d'intérêt.

L'intérêt est le bénéfice qu'on retire d'une somme d'argent prêtée, dont on a été privé à tant pour o/o par an ou par mois.

On appelle denier le nombre qu'exprime combien de fois le tant pour o/o est contenu dans cent ; ainsi prêter au denier 20 ou à 5 pour o/o est la même chose ; en effet : prêter au denier 20, c'est par chaque 20 francs tirer un franc de bénéfice ; prêter à 5 pour o/o, c'est par chaque 100 francs tirer 5 francs de bénéfice.

De la règle d'escompte.

L'escompte est une remise que l'on fait sur une dette ou sur un billet pour en être payé avant l'échéance du terme. L'escompte est comme on le voit le contraire de l'intérêt.

Il suit de là que, de même que pour calculer

l'intérêt d'une somme à 5 pour o/o, on dit : si 100 deviennent 105, combien telle somme deviendra-t-elle? On devrait, pour escompter à 5 pour o/o, dire : si 105 se réduisent à 100, à combien telle somme se réduira-t-elle? Cependant on a coutume de dire : si 100 se réduisent à 95, à combien, etc.

Cette méthode n'est point selon l'exacte justice ; cependant, comme elle est consacrée en France, nous nous y conformerons.

L'escompte est proportionné à la somme et au temps dont on anticipe le paiement. On le calcule comme l'intérêt à tant pour o/o par an ou par mois.

De la règle du change.

Le change est le prix qu'un banquier prend pour faire remettre ou recevoir l'argent d'une ville dans une autre. Le change se calcule comme l'intérêt à tant pour o/o ; il varie selon l'abondance du papier ou des lettres de change. On appelle ainsi un ordre que donne un banquier à son correspondant de payer, à celui qui en sera le porteur, l'argent qu'on lui compte au lieu de sa demeure.

De la règle de courtage ou de commission.

On appelle courtiers, commissionnaires, ceux

qui, moyennant un salaire réglé qu'on appelle droit de courtage, ou simplement courtage, s'entremêlent aux négociants pour faciliter la vente ou l'achat des marchandises.

Le courtage se règle sur la nature des affaires et les peines du commissionnaire, et, comme l'intérêt, il se calcule à tant pour o/o.

De la règle d'assurance.

L'assurance, en terme de commerce, est un acte par lequel moyennant certaines sommes que l'on nomme primes d'assurance, une compagnie, appelée Chambre d'assurance, s'engage à répondre des pertes que les négociants pourraient faire sur mer.

L'assurance dépend de la valeur des marchandises que l'on assure et de la probabilité des risques que l'on court.

C'est d'après l'observation attentive et souvent répétée du sort des vaisseaux, et qui dans les mêmes circonstances sont partis du port pour arriver au lieu que l'on considère, que les membres de la Chambre qu'on appelle assurance, peuvent calculer les chances à leur avantage et fixer la prime ou le prix de l'assurance.

L'assurance se calcule à tant pour o/o et se paie d'avance.

De la règle de grosse aventure.

Mettre à la grosse aventure signifie placer une somme d'argent ou des marchandises sur un vaisseau marchand, au risque de les perdre, si le vaisseau périt. Ces chances, auxquelles on reste exposé, font qu'on ne place jamais de cette manière sans de gros intérêts. La grosse aventure dépend, comme l'assurance, des probabilités des risques dont il est parlé ci-dessus. Elle se calcule à tant pour o/o.

De la règle de troc.

Troquer, c'est échanger une chose contre une autre.

L'opération consiste à chercher le rapport qui existe entre les objets échangés ; la règle est directe.

De la règle d'avarie.

L'avarie, en terme de marine ou de roulage, est le dommage arrivé à un vaisseau ou aux marchandises dont il est chargé depuis le départ jusqu'au retour. Il se dit aussi d'un droit que paie, pour l'entretien d'un port, chaque vaisseau qui y mouille.

L'avarie se calcule à tant du o/o, ou à tant par barriques, tonneaux, etc.

De la règle de voiture.

Voiture, port, signifient ce qu'on doit payer pour le transport des marchandises d'un lieu dans un autre. Il se calcule à tant du cent, à raison de la difficulté des chemins et des périls que l'on court.

De la règle des gains et des pertes.

Cette règle a pour objet de faire connaître au négociant ce qu'il gagne ou ce qu'il perd pour o/o sur ses marchandises.

De la règle de tare.

On appelle tare le poids des barils, pots, caisses, emballages, etc., qui contiennent les marchandises ; et net, les marchandises mêmes, déduction faite de la tare.

Le net et la tare réunis composent ce qu'on appelle le brut.

On appelle encore tare certaine diminution faite sur des marchandises avariées, et qui n'ont plus leur première qualité.

La tare se calcule à tant par barriques, par balles, etc., ou à tant du o/o.

Lorsqu'elle se calcule à tant du o/o, tantôt elle se prend en dedans et tantôt en dehors du o/o. Dans le premier cas, le o/o est le brut, et, dans le deuxième, il est le net. En général, c'est toujours l'énoncé du marchand qui fixe la manière de la calculer.

De la règle du temps.

Les marchands achètent souvent à crédit, et prennent, à raison des sommes qu'ils doivent recevoir plus tard, différents temps pour effectuer leurs paiements.

Un grand nombre de circonstances pouvant faire varier la rentrée de leurs fonds, quelques-uns, dans leurs marchés, se réservent la faculté d'avancer certains paiements et d'en reculer d'autres, de telle sorte qu'il y ait compensation, et que le débiteur et le créancier n'y perdent rien.

La règle du temps a pour objet de fixer les nouvelles époques, eu égard à la grandeur des paiements. Elle est fondée sur ce principe (toute chose égale d'ailleurs) : l'argent profite entre les mains de celui qui le possède, proportionnellement à la quantité et au temps qu'il l'a eu à sa disposition ; c'est-à-dire, par exemple, que le bénéfice qu'on ferait avec 100 francs pendant quatre mois est le même qu'on ferait avec 400 fr. pendant un seul mois.

De la règle de trois inverse, simple.

Cette règle n'est autre chose qu'une proportion dans laquelle le plus donne le moins et le moins donne le plus. (Voyez n° 7.)

De la règle de réduction pour les poids et mesures.

Cette opération a pour objet de réduire les poids et mesures et monnaies d'un pays en un autre (bien entendu toutefois que l'on connaît les rapports qui existent entre eux et entre elles).

De la règle d'alliage.

L'alliage est l'union de plusieurs métaux fondus ensemble, ou de plusieurs marchandises mélangées.

La règle d'alliage a pour objet :

1° Plusieurs choses, dont les quantités et les valeurs particulières sont connues ; étant mélangées, trouver le prix du mélange.

2° Connaissant le prix particulier de plusieurs choses, déterminer dans quel rapport on doit les allier, pour en faire un mélange d'un prix donné.

De la règle de trois composée.

Ainsi que les opérations qui ont reçu le nom

de règles de trois, parce que de quatre termes qui les composent, trois seulement étant connus servent à faire connaître le quatrième, la règle de trois composée ne diffère des autres qu'en ce qu'elle se compose de deux, de trois, de quatre, etc., proportions, suivant l'énoncé de la question.

Il y a plusieurs moyens de la calculer. Le premier consiste à chercher la valeur de l'inconnue dans la première proportion, et à substituer cette valeur dans la seconde, trouver la valeur de la quantité inconnue dans la seconde proportion, et la substituer dans la troisième, etc.

L'autre procédé, beaucoup plus expéditif, consiste à multiplier chaque terme des proportions par les termes qui leur sont respectifs, puis à déterminer la valeur de l'inconnue. (Voyez n° 4.)

De la règle de société.

La règle de compagnie ou de société est ainsi nommée parce qu'elle sert à partager, entre plusieurs associés, le bénéfice ou la perte de leur association. Ce bénéfice ou cette perte se partage toujours proportionnellement aux fonds versés par les associés dans la société, parce que lorsqu'il en est parmi eux qui, par leur industrie et leurs grandes connaissances du commerce, sont en quelque sorte l'ame de cette société, on leur alloue, sans préjudice, des parts de bénéfice auxquelles ils ont le droit de prétendre, des honoraires particuliers pour les récompenser des services qu'ils rendent.

Ces honoraires se prennent d'abord sur des bénéfices, ou bien s'ajoutent à la perte comme les autres dépenses.

Nota. Comme il serait possible qu'un associé, qui aurait des honoraires fixes et peu de fonds, ne mît pas aux affaires de la société tous les soins dont il est capable, il est sage de stipuler que, passé certaines sommes, ces honoraires croîtront en raison du bénéfice total. Par là on s'intéresse à faire en sorte que ce bénéfice soit le plus grand possible.

J'ai dit : passé certaines sommes, parce que si on stipulait simplement que les honoraires seraient proportionnels aux bénéfices, ou équivaudront à une certaine somme mise en cas de pertes, non seulement l'associé travaillant n'aurait rien, mais encore il serait exposé à ce que sa part de perte fût plus grande que la somme qu'il aurait effectivement versée dans la caisse de la société, de telle sorte qu'au lieu d'avoir comme les autres un reste proportionnel à sa mise, toute cette mise serait absorbée, et il se verrait en outre obligé de verser un supplément

De la règle de fausse position.

Cette règle est ainsi nommée parce que, pour trouver le nombre qui fait l'objet de la question, elle opère sur le nombre qui, pris arbitrairement, satisfait aux conditions de cette même question.

Elle est fondée sur ce principe, que les parties semblables de deux nombres se contiennent l'une et l'autre comme ces deux nombres.

SYSTÈME METRIQUE.

1. L'unité est une grandeur arbitraire qu'on prend pour mesurer les quantités de même espèce.

2. Si cette unité avait été la même dans tous les lieux, les anciennes mesures n'auraient eu d'autre inconvénient que celui de la diversité de leurs subdivisions ; mais bien qu'elles portassent le même nom, et qu'elles fussent destinées aux mêmes usages, elles étaient différentes pour chaque lieu en particulier. En sorte que celui qui achetait des marchandises dans un lieu, pour les vendre dans un autre, était obligé de les rapporter à une commune mesure, au moyen de la table de comparaison qu'il avait à cet effet. Mais ces transformations entraînaient à des calculs fatigants, et exposaient souvent à commettre des erreurs.

3. On a donné le nom de *mètre* (mesure) à l'unité principale, qu'on a prise dans la nature. Le mètre est l'étalon général de toutes les autres mesures ; il est égal à la dix millionième partie du quart du méridien de la terre.

4. L'uniformité des mesures étant établie d'une manière invariable, il restait encore à déterminer la plus simple de subdiviser cette unité principale.

5. Le nombre 10 se trouvant le plus commode dans le système de la numération actuelle, la division décimale a été généralement adoptée. Ainsi le mètre a été partagé en dix parties nommées *décimètres* ; chaque décimètre contient dix parties que l'on nomme *centimètres*, et chaque centimètre contient dix *millimètres*.

6. Pour exprimer les grandes longueurs, on emploie comme unités les multiples du mètre. Ainsi une collection de dix mètres forme le *décamètre* ; cent mètres font un *hectomètre* ; mille mètres se nomment un *kilomètre*, et dix mille mètres font un *myriamètre*.

7. Le tableau ci-après représente cette nomenclature.

8.

$$
\begin{array}{rcl}
\text{10,000} & \ldots\ldots\ldots\ldots & \text{myria} \\
\text{1,000} & \ldots\ldots\ldots\ldots & \text{kilo} \\
\text{100} & \ldots\ldots\ldots\ldots & \text{hecto} \\
\text{10} & \ldots\ldots\ldots\ldots & \text{déca} \\
\text{1} & \ldots\ldots\ldots\ldots & \\
\text{0,1} & \ldots\ldots\ldots\ldots & \text{déci} \\
\text{0,01} & \ldots\ldots\ldots\ldots & \text{centi} \\
\text{0,001} & \ldots\ldots\ldots\ldots & \text{milli} \\
\end{array}
\Big\}\ \text{mètre.}
$$

9. Il y a cinq sortes de mesures : le mètre, l'are, le litre, le stère et le gramme.

Le mètre, comme on l'a vu plus haut, est l'unité principale sur laquelle toute autre mesure se trouve basée. Il est l'unité à laquelle on rapporte toutes les mesures linéaires ou de longueur.

L'are est l'unité des mesures agraires.

Le litre est l'unité des mesures de capacité.

Le stère est l'unité des mesures pour le bois.

Le gramme est l'unité des mesures de pesanteur.

Le franc est l'unité monétaire.

L'are est un grand carré dont le côté vaut dix mètres.

Le litre est équivalent à un cube, qui aurait pour côté un décimètre.

Le stère équivaut à un mètre cube.

Le gramme est égal au poids d'un centimètre cube d'eau distillée.

Le franc pèse cinq grammes, dont neuf dixièmes de métal pur et un dixième d'alliage.

On voit par ce qui précède que toutes les unités de mesures qui composent le système sont déduites du mètre, que pour cette raison nous avons nommé unité fondamentale.

C'est aussi pour cela qu'on désigne par le nom de système métrique l'ensemble de ces mesures.

Les mots adoptés pour représenter les multiples et les subdivisions du mètre expriment aussi les multiples et les subdivisions des autres unités. Il suffit, dans le tableau (8), de mettre toute autre unité à la place du mot mètre.

Remarque. Les monnaies peuvent servir de poids, puisque 1 franc pèse 5 grammes, 2 francs pèseront 10 grammes, 200 francs pèseront 1 kilogramme.

Ainsi l'ancien système des poids et mesures, qui se composait de plusieurs milliers d'unités différentes, se trouve remplacé par une seule unité, que sa définition prise dans la nature permettra de retrouver dans tous les temps, et qui est subdivisée de la manière qui se prête le mieux aux combinaisons du calcul.

Fractions décimales.

10. Les fractions décimales sont celles dont le dénominateur est l'unité suivie d'un ou de plusieurs zéros ; ainsi $\frac{3}{10},\ \frac{7}{100},\ \frac{12}{1000},$ sont des fractions décimales.

Ce caractère particulier a fait imaginer une manière de les exprimer qui rend leur calcul aussi commode que celui des nombres entiers, ce qui évite les longueurs provenant de la transformation des fractions au même dénominateur.

Cette manière consiste à sous-entendre le dénominateur, et à n'écrire que le numérateur. Il n'a fallu pour cela qu'une convention fort simple ; c'est de désigner dans un nombre le rang des unités par une virgule placée après les chiffres qui les expriment, ou du zéro qui en occupe la place ; les chiffres écrits à droite forment le numérateur d'une fraction dont le dénominateur sous-entendu est toujours l'unité, suivie d'autant de zéros qu'il y a de caractères après la virgule. Ces chiffres s'appellent chiffres décimaux, ou simplement *décimales*, en sous-entendant le mot *fractions* ou *parties*.

11. Quand on énonce la valeur d'un nombre,

ce dénominateur se lit comme s'il était vraiment écrit. Ainsi

$$3,125 = 3 + \frac{125}{1000} = 3 + \frac{100}{1000} + \frac{20}{1000} + \frac{5}{1000}$$

$$= 3 + \frac{1}{10} + \frac{2}{100} + \frac{5}{1000}.$$

Dans ce nombre il y a 3 chiffres décimaux, ou simplement 3 décimales ; le dénominateur est donc 1,000 ; on lira donc trois unités cent vingt-cinq *millièmes*, ou trois unités un *dixième* deux *centièmes* cinq *millièmes* ; c'est la première qui est généralement adoptée.

Il est aisé de tirer de là les deux règles suivantes, d'après lesquelles on pourra écrire un nombre décimal proposé, et lire un nombre décimal écrit.

1° Ayant à écrire, par exemple, trois mille quarante-cinq *cent millièmes*, je vois que le dénominateur serait 100,000 ; il faut donc 5 chiffres décimaux ; le nombre 3,045 n'employant que 4 chiffres, il faut mettre un zéro en avant à gauche pour compléter le nombre des décimales, puis conserver le rang des unités par un zéro suivi de la virgule, ainsi qu'il suit : 0,03045.

La règle sera donc celle-ci :

12. Écrire le nombre décimal proposé comme un nombre ordinaire, et s'il n'emploie pas autant de chiffres qu'il faut de décimales, en compléter le nombre par des zéros placés vers la gauche, puis écrire le nombre entier avec la virgule, ou le zéro qui tient la place des unités, suivi de la virgule.

13. 2° Pour lire un nombre décimal, il suffit de se rappeler que le nombre des décimales est le même que celui des zéros qui suivraient l'unité dans le dénominateur supprimé.

On lira donc le nombre décimal comme un nombre entier, puis on exprimera le dénominateur sous-entendu.

Ainsi dans le nombre 3,0042017, le dénominateur serait 10,000,000 ; on lira donc trois unités quarante-deux mille dix-sept dix millionièmes.

14. En suivant ces considérations, on peut reconnaître qu'un nombre décimal ne change pas de valeur, si l'on écrit à sa suite un ou plusieurs zéros ; puisque par là on multiplie le numérateur et le dénominateur de la fraction par un même nombre.

Par exemple, si à la suite du nombre 0,47 j'écris 2 zéros, j'ai 0,4700, et le nombre paraît être multiplié par 100 ; mais si je remarque que le dénominateur non écrit, qui était 100, est devenu 10,000, je vois que les deux termes de la fraction ayant été multipliés par un même nombre, sa valeur n'est pas changée.

En effet $\frac{47}{100} = \frac{4700}{10000}$.

15. Par une raison semblable, on peut supprimer des zéros qui terminent un nombre décimal, puisque ce n'est autre chose que diviser les deux termes d'une fraction par un même nombre. Il suit de là que $0,4700 = 0,47$, puisque $\frac{4700}{10000} = \frac{47}{100}$.

16. Cela posé, si l'on propose d'ajouter plusieurs nombres décimaux, on peut leur donner le même dénominateur en leur donnant le même nombre de décimales; alors l'addition des nombres décimaux est semblable à celle des fractions de même dénominateur, et nous savons qu'elle se réduit à l'addition des numérateurs.

Ainsi $0,3 + 4,52 + 17,0025 = 0,3000 + 4,5200 + 17,0025 = 21,8225$.

$$\text{Ou} \quad \left.\begin{array}{r} 0,3 \\ 4,52 \\ 17,0025 \\ \hline 21,8225 \end{array}\right\} = \left\{\begin{array}{l} 0,3000 \\ 4,5200 \\ 17,0025 \\ \hline 21,8225 \end{array}\right. \quad \text{VÉRIFIEZ.}$$

17. Si on a à soustraire un nombre décimal d'un nombre décimal, on peut également leur donner le même nombre de décimales, s'ils ne l'ont pas, et suivre la règle donnée pour la soustraction des fractions du même dénominateur.

Ainsi $4,17 - 0,037 = 4,170 - 0,037 = 4,133$,

Ou bien
$$\left. \begin{array}{r} 4,17 \\ 0,037 \\ \hline 4,133 \end{array} \right\} = \left\{ \begin{array}{l} 4,170 \\ 0,037 \\ \hline 4,133 \end{array} \right. \quad \text{VÉRIFIEZ.}$$

18. Pour obtenir le produit de deux nombres décimaux, on les multiplie l'un par l'autre comme des nombres entiers, et on sépare par la virgule autant de décimales dans ce produit qu'il y en a dans les deux facteurs.

En effet, le dénominateur supprimé serait l'unité, suivie d'autant de zéros qu'il y a de décimales dans les deux facteurs.

Par exemple :

$$10,21 \times 2,003 = \frac{1021}{100} \times \frac{2003}{1000} = \frac{2045063}{100000} = 20,45063.$$

$$0,012 \times 0,0004 = \frac{12}{1000} \times \frac{4}{10000} = \frac{48}{10000000} = $$
$0,0000048.$ \hfill VÉRIFIEZ.

19. Pour diviser un nombre décimal par un nombre décimal, on remarquera que si on veut diviser une fraction par une autre de même dénominateur, il suffit de diviser le numérateur de la première par celui de la seconde. En conséquence, ayant donné au dividende et au diviseur le même nombre de décimales, on fera la division à la manière ordinaire, comme pour les nombres entiers.

En effet, soit 275 à diviser par 2,5, on aura 275,0 à diviser par 2,5, ou $\frac{2750}{10}$ à diviser par $\frac{25}{10}$ ou enfin, opérant la division de ces deux frac-tions, $\frac{2750}{25} = 110.$ **VÉRIFIEZ.**

Soit encore 12,52 à diviser par 4,3; on aura 12,52 à diviser par 4,30, ou $\frac{1252}{100}$ à diviser par $\frac{430}{100}$, ou enfin $\frac{1252}{430} = 2 + \frac{392}{430} = 2,9116.$

20. On peut diviser un nombre décimal par 10, par 100, par 1000, etc., en transportant la virgule d'un rang, de deux rangs, de trois rangs, etc., vers la gauche.

En effet, dans le nombre décimal $34,7 = \frac{347}{10}$, si je porte la virgule entre le 4 et le 3, on aura $3,47 = \frac{347}{100}$ nombre dix fois plus petit.

Dans le nombre $224,3 = \frac{2243}{10}$, si l'on porte la virgule entre le premier et le second chiffre à gauche, on aura $2,243 = \frac{2243}{100}$, nombre cent fois plus petit.

21. On peut semblablement multiplier un nombre décimal par 10, par 100, par 1000, etc., en avançant la virgule d'un rang, de deux rangs, de trois rangs, etc., sur la droite.

Soit en effet dans le nombre $5,27 = \frac{527}{100}$, la virgule portée entre le deuxième et le troisième chiffre, on aura $52,7 = \frac{527}{10}$, nombre dix fois plus grand.

RÉCAPITULATION DES OPÉRATIONS

SUR LES NOMBRES DÉCIMAUX.

Addition.

22. Pour faire l'addition des nombres décimaux, on les écrit les uns sous les autres, en plaçant les unités de même ordre dans une même colonne verticale ; puis on opère du reste comme pour les nombres entiers.

Soustraction.

23. La soustraction des nombres décimaux se fait aussi comme celle des nombres entiers.

Multiplication.

24. Pour multiplier deux nombres décimaux l'un par l'autre, on opérera comme pour deux nombres entiers, et sans avoir aucun égard à la

virgule ; puis on séparera sur la droite du pro-
-duit autant de chiffres décimaux qu'il y en a dans
les deux facteurs.

Division.

25. Pour diviser un nombre décimal par un
autre, on complétera par des zéros le nombre des
chiffres décimaux dans celui des deux nombres
qui en a le moins, puis on supprimera les vir-
gules, et l'on opérera comme pour deux nombres
entiers.

26. On peut placer autant de zéros que l'on
voudra à la droite d'un nombre décimal, ou les
retrancher sans changer la valeur de ce nombre.

27. Pour multiplier un nombre décimal par
dix, cent, mille, etc., il suffit d'avancer la virgule de un, de deux ou trois rangs vers la droite.

Réciproquement, en reculant la virgule d'un,
deux ou trois rangs vers la gauche d'un nombre
décimal, on divisera ce nombre par 10, par 100
ou par 1000.

TRANSFORMATION DES FRACTIONS DÉCIMALES.

Ces transformations sont de deux espèces :
1° Tranformer une fraction ordinaire en une
fraction décimale équivalente.

2*

2° Étant donnée une fraction décimale, mettre cette fraction sous la forme ordinaire.

Première transformation.

Soit donné $\frac{3}{4}$, trouver la fraction décimale équivalente.

Nous savons qu'une fraction est une division dont le numérateur est le dividende, et le dénominateur le diviseur ; par conséquent $\frac{3}{4}$ signifie qu'il faut diviser 3 par 4 ; il ne reste donc plus qu'à exprimer en décimales le quotient de cette division. A cet effet, on disposera le calcul de la manière suivante :

$$\begin{array}{r|l} 30 & 4 \\ 20 & \overline{0{,}75} \\ 0 & \end{array}$$

En divisant 3 par 4, on trouve 0, ce qui signifie que le quotient ne peut pas s'exprimer par des unités entières ; mais comme nous savons qu'une unité vaut dix dixièmes, nous placerons un zéro à côté du dividende 3, qui par là deviendra 30 dixièmes ; divisant par 4, nous aurons au quotient 7 dixièmes, et il restera deux dixièmes dans le dividende ; en plaçant un zéro à la droite de ce reste, il deviendra 20 centièmes, qui, divisés par 4, donneront au quotient 5 cen-tièmes et un reste nul. Ainsi la fraction

$$\frac{3}{4} = 0,75.$$

On peut facilement reconnaître que cette trans-formation est analogue à celle que nous avons donnée (56 et 57 de l'arithmétique).

En effet, $0,75 = \frac{75}{100} = \frac{3 \times 25}{4 \times 25} = \frac{3}{4}.$

Ainsi la fraction décimale 0,75 n'est autre chose que la fraction $\frac{3}{4}$, dont les deux termes au-raient été multipliés par 25.

Donc pour transformer une fraction en décima-les, on divisera le numérateur par le dénominateur, en plaçant un zéro à la droite de chaque reste, afin de transformer ces restes et par conséquent les quo-tients correspondants, successivement en dixiè-mes, centièmes, millièmes, dix-millièmes, etc.

Il arrivera souvent que la fraction proposée ne pourra pas être transformée exactement en déci-males.

Soit par exemple la fraction $\frac{2}{3}$.

$$\begin{array}{r|l} 20 & 3 \\ 20 & \overline{0,6666\ldots\ldots} \\ 20 & \\ 20 & \\ 2 & \end{array}$$

Opérant comme dans l'exemple précédent, on

a 20 dixièmes pour dividende, 6 dixièmes pour quotient, et pour reste 2 dixièmes ou 20 centièmes ; puis 6 centièmes pour second chiffre du quotient, et pour reste 2 centièmes ou 20 millièmes, et ainsi de suite.

Ainsi $\frac{2}{3} = 0{,}666\ldots$

Les points indiquent que le quotient se compose d'un nombre infini de fois le chiffre 6.

On pouvait prévoir que cela serait ainsi ; car nous avons vu qu'une fraction qui a 3 pour dénominateur, ne peut être transformée qu'en une autre dont le dénominateur serait multiple de 3. Elle ne pourra donc pas être transformée en fraction décimale, puisqu'aucun des dénominateurs décimaux 10, 100, 1000, ne contient le facteur 3.

Il n'en était pas de même de la fraction $\frac{3}{4}$ qui a pu être transformée en centièmes, parce que 100 est multiple de 4. Par la même raison 1000 étant multiple de 8, la fraction $\frac{7}{8}$ pourra se transformer en millièmes.

En général, pour qu'une fraction puisse être transformée exactement en décimales, il faut que son dénominateur ne soit composé que des facteurs 2 ou 5, qui sont les seuls qui entrent dans la composition des dénominateurs décimaux.

Ajoutons que cela ne s'entend que des fractions réduites à leur plus simple expression.

Ainsi la fraction $\frac{51}{60}$ peut se réduire en décimales, parce qu'en débarrassant ses deux termes du facteur 3, il vient $\frac{17}{20}$, dont le dénominateur ne contient que des facteurs 2 et 5.

Lorsque la fraction ne peut pas se transformer exactement en décimales, il arrive toujours un moment où elle devient périodique ; c'est-à-dire que les mêmes chiffres reviennent successivement et dans le même ordre au quotient.

Ainsi 0,6666....

0,434343....

sont des fractions décimales périodiques.

Dans la première de ces deux fractions, la période est 6 ; dans la seconde, la période est 43.

En général on nomme *période* l'ensemble des chiffres qui se reproduisent périodiquement au quotient.

Quelquefois les périodes ne commencent pas immédiatement après la virgule, comme dans la fraction 0,472283838 ; dans ce cas, elle prend le nom de fraction décimale périodique mixte.

Il est facile de se convaincre que, tôt ou tard, la fraction doit devenir périodique ; car en supposant que l'on ait obtenu pour restes tous les nombres inférieurs au diviseur, le reste suivant ne pourra être que l'un de ceux déjà obtenus; de sorte que le dividende se trouvera de nouveau dans l'état où il était alors, ce qui ramènera au quotient les mêmes chiffres.

En effet, il doit arriver au quotient autant de chiffres différents que la division laissera de restes différents; or, le diviseur 7 par exemple ne peut laisser de reste égal à lui-même, il ne peut donc y en avoir que 6 différents, après quoi l'on retombera sur un de ceux qui ont paru ; et alors les circonstances redevenant les mêmes, les résultats le seront aussi. Mais comme on l'a vu précédemment, ce retour n'aurait pas lieu si la division se faisait exactement.

Au surplus, que la fraction soit ou non capable d'être exprimée exactement en décimales, la transformation se fera toujours de la même manière, c'est-à-dire qu'en général on divise le numérateur par le dénominateur, et plaçant un zéro à la droite de chaque reste, on continue la division jusqu'à ce que l'on soit parvenu à un quotient exact, ou assez approché pour le but qu'on se propose.

Si l'on s'arrête au chiffre des centièmes, et que l'on néglige le reste, on dit qu'on a le quotient à moins d'un centième d'exactitude. En effet, le reste étant plus petit que le diviseur, en le divisant par ce nombre, on ne pourrait avoir qu'une fraction de centièmes. En général, l'erreur que l'on commet en négligeant le reste de la division est toujours une fraction d'unité de l'ordre du dernier chiffre obtenu au quotient.

Deuxième transformation.

Étant donnée une fraction décimale, trouver la fraction ordinaire équivalente.

Il y a trois cas :

1er Cas. — Il suffit de donner à la fraction décimale son dénominateur sous-entendu, et de la réduire à sa plus simple expression.

Exemple : $0,875 = \dfrac{875}{1000} = \dfrac{7}{8}$, en divisant les deux termes par 125.

$$0,04 = \dfrac{4}{100} = \dfrac{1}{25}.$$

Quant à la transformation des fractions décimales périodiques, leur conversion dépend des remarques suivantes :

$$\dfrac{1}{9} = 0,11111\ldots \; ; \; \dfrac{1}{99} = 0,010101\ldots \; ; \; \dfrac{1}{999} = 0,001001001\ldots \; ;$$ d'après cela,

2me Cas. — Soit une fraction décimale périodique dans laquelle la période n'a qu'un chiffre, comme $0,333\ldots$ on voit que cette fraction équivaut à trois fois $0,1111\ldots = \dfrac{1}{9}$; elle vaut donc

$\frac{3}{9}$ ou $\frac{1}{3}$. Si la période a deux chiffres, comme 0,363636...., on voit que cette fraction équivaut à 36 fois 0,010101.... $= \frac{1}{99}$, donc elle vaut $\frac{36}{99} = \frac{4}{11}$, ainsi de suite.

Nous pourrons en conclure la règle générale suivante : Une fraction décimale périodique est égale à une fraction ordinaire, dont le numérateur est la période elle-même, et dont le dénominateur est composé d'autant de 9 qu'il y a de chiffres à la période. Ainsi $0,324324.... = \frac{324}{999} = \frac{12}{37}$; $0,00270027 = \frac{27}{9999} = \frac{3}{1111}$.

3me Cas. — Si la période ne commence pas au premier chiffre décimal, on ramène ce cas au précédent par la transposition de la virgule. Soit, par exemple, $4,27818181....$ Si on place la virgule après le 7 on aura $427,818181....$; expression cent fois plus grande que la première (27), et qui étant réduite en fraction ordinaire, vaut $437 + \frac{81}{99}$; mais il faut diviser cette dernière valeur par 100, ce qui donne

$$\frac{427}{100} + \frac{81}{9900} = \frac{427 \times 99 + 81}{9900} = \frac{42354}{9900} = \frac{2353}{550} ;$$

ainsi, $4,278181 = \frac{2353}{550}$, ce dont on se convaincra facilement, si on convertit cette fraction en décimales.

On trouvera de même que $0,0833\ldots = \frac{1}{12}$, et que $0,231212\ldots = \frac{763}{3300}$.

On peut encore transformer les fractions décimales périodiques et périodiques mixtes en fractions ordinaires par un autre moyen.

Soit la fraction précédente, $4,27818181$, et représentons-là par x. Si dans cette fraction nous avançons la virgule de quatre rangs vers la droite, c'est-à-dire après la période, nous rendrons la fraction 10,000 fois plus grande ; si au contraire nous la reculons maintenant de deux rangs, c'est-à-dire avant la période, la fraction ne sera devenue que 100 fois plus grande ; en conséquence, nous aurons dans l'un et l'autre cas :

$$10000\,x = 42781,8181\ldots$$
$$100\,x = 427,8181\ldots$$
$$9900\,x = 42354, \text{ en retranchant ;}$$

enfin $x = \frac{42354}{9900}$, d'où l'on peut conclure que, en général, pour obtenir la fraction ordinaire équivalente à une fraction décimale périodique et périodique mixte, il faut :

Transporter successivement la virgule à droite et à gauche de la période ; la différence entre les parties entières des nombre décimaux qui en résulteront exprimera le numérateur.

Quant au dénominateur, il se composera d'autant de 9 qu'il y a de chiffres dans la période, suivis d'autant de zéros qu'il y a de chiffres non périodiques après la virgule.

EXEMPLES :

$$0,387777\ldots = \frac{387-38}{900} = \frac{349}{900}.$$

$$0,95231231\ldots = \frac{95231-95}{99900} = \frac{95136}{99900} = \frac{7928}{8325}.$$

FIN.

BIBLIOTHÈQUE ROYALE

www.ingramcontent.com/pod-product-compliance
Lightning Source LLC
Chambersburg PA
CBHW061323060726
47596CB00003B/1060